BAMOUNI Babou

Comment choisir un conjoint

BAMOUNI Babou

Comment choisir un conjoint

Éditions Croix du Salut

Imprint

Cover image: www.ingimage.com

Publisher:
Éditions Croix du Salut
is a trademark of
Dodo Books Indian Ocean Ltd., member of the OmniScriptum S.R.L Publishing group
str. A.Russo 15, of. 61, Chisinau-2068, Republic of Moldova Europe
Printed at: see last page
ISBN: 978-620-3-84248-7

Comment Choisir un Conjoint

BAMOUNI Babou

Table des Matières

DEDICACE

A mes bien-aimés…

…Michael Alexandre, Josué et Elisée, mes enfants que je chéris tendrement.

Ils sont mes trésors !

Ils me réjouissent.

… Pasteur Jean Paul AMEGBOR AYAO, un membre formidable de mon équipe missionnaire.

… Les adolescents du monde entier qui souffrent et tous les jeunes qui ont le cœur brisé ; des enfants qui meurent du SIDA, du cancer, et du paludisme qui les font agoniser.

… Tous les jeunes garçons et filles meurtris par le divorce.

… ma femme Céline, une mère formidable et une remarquable femme de Dieu qui m'encourage sans cesse dans l'appel de Dieu sur ma vie.

… Pasteur Carl H. Stevens, fondateur du Ministère Greater Grace World Outreach.

… Mon ami, un exemple et un homme de Dieu avec un grand cœur, pasteur Mamadou Philippe KARAMBIRI du Centre International d'Evangélisation.

Préface

Il est vrai et certain que Dieu peut ramasser les morceaux de notre vie brisée et en faire quelque chose d'utile, mais nous ne pourrons plus jamais rattraper le temps perdu hors de la volonté de DIEU.
Jeunes gens, rien n'est tragique comme le fait de manquer la parfaite volonté de Dieu pour sa vie.

Dans ce livret bien conçu, le Pasteur Bamouni Babou Jean Baptiste, invite les célibataires (filles et garçons) à rejoindre les rangs de ceux qui ont décidé de se soumettre à la volonté de Dieu et de marcher dans les sentiers de la Grâce Abondante.

Oui, faites de l'Eternel vos délices et il vous donnera ce que votre cœur (éprouvé) désire.

Pasteur Mamadou Philippe KARAMBIRI du Centre International D'Evangélisation Ouagadougou Burkina Faso.

INTRODUCTION

C'est une grande opportunité que nous avons d'aborder ce thème qui fera du bien à chaque chrétien désireux de marcher dans l'obéissance pour amener la gloire d Dieu.

La question que l'on se pose souvent est celle-ci :

Comment choisir un conjoint selon la volonté de Dieu?
Comment choisir selon la volonté de Dieu quand nous sommes influencés par nos différentes cultures, coutumes et traditions?

Comment choisir selon la volonté de Dieu lorsque nous sommes confrontés aux difficultés de la vie?
Devant les multiples facteurs que sont le raisonnement naturel, les préférences naturelles et la perception empirique, quel est, en réalité notre cadre de référence?
Nous approchons souvent la Bible avec une prédisposition et des présuppositions et cela nous ferme la voie pour accéder à la pensée de Dieu.

La famille exerce sa pression et beaucoup de chrétiens qui désirent encore faire plaisir aux hommes et n'affichent pas leurs convictions.

Bien qu'ayant la sagesse de Dieu craignent d'offenser leur entourage en laissant paraitre convictions.
La peur du « qu'en dira-t-on ? » tracasse bon nombre qui restent inactifs.

Cependant, choisir selon la volonté de Dieu est primordial si nous voulons bien commencer une vie à deux.
Comment choisir aujourd'hui quand la Bible n'est pas notre cadre de référence?

CHAPITRE I

Comment puis-je savoir qui est celui (ou celle) que le Seigneur désire que j'épouse?

Considérons ce beau passage du livre des Proverbes où il est dit

« Reconnais-le dans toutes tes voies, Et il aplanira tes sentiers. » **Proverbes 3 : 6**

Pour un choix selon la volonté de Dieu, il faut :

- Connaître la volonté spécifique de Dieu pour s'y engager

D'où l'importance des Saintes Ecritures.

Chercher à connaître le cœur de Dieu pour le pas à faire.

Prier et rester dans l'attente. Ne pas cesser de sonder les Ecritures. Il est nécessaire d'aller à Dieu sans présupposition.

Se préparer à considérer la correction de Dieu face à certaines de nos décisions.

Voyons ce passage de : **Proverbes 3 : 6**

En considérant certaines expressions de ce verset dans l'original hébreu, nous sommes interpellés.

Reconnais-le : en heb. Yada signifie *découvrir, s'apercevoir, comprendre, être certain.*

Tes voies : en heb. Derek signifie *voyage, chemin, voie, route, direction, marche, entreprise,*

Aplanir : en heb. Yashar signifie *rendre droit, lisser*

Nous sommes ses enfants et Il va prendre soin de nous sans relâche.

Ceux qui se connaissent bien eux – mêmes trouvent que leurs propres compréhensions sont un roseau brisé, sur lequel ils ne peuvent s'appuyer. Ne concevez aucun projet qui soit légal ni légitime, et implorez Dieu de vous guider dans chaque occasion, même dans celles qui peuvent vous sembler les plus ordinaires.

Dans toutes nos voies qui s'avèrent agréables, dans celles où nous nous sentons bien, nous devons reconnaître Dieu. Dans toutes nos voies qui nous semblent inconfortables, nos chemins qui sont encombrés d'épines, nous devons aussi reconnaître Dieu, et nous soumettre à lui. Il y a là une promesse/ « Il aplanira tes sentiers'' ; et donc ton sentier sera bon, sans danger, et te conduira au bonheur.

Le fils doit :

1° Se confier en l'Eternel et non dans son intelligence ;

2° Le connaître dans ses voies, c'est-à-dire y introduire le caractère de l'Eternel ; alors Il dirigera ses sentiers ;

3° N'avoir aucune haute pensée de sa propre sagesse (voyez Romain 12 : 6) ;

4° Craindre l'Eternel en lui donnant dans sa vie la place qui lui est due ; et s'éloigner du mal, ce qui est la conséquence immédiate de la crainte de Dieu, dira un homme de Dieu.

Proverbes 13 : 18 dit

« La pauvreté et la honte sont le partage de celui qui rejette la correction, Mais celui qui a égard à la réprimande est honoré »

Rejeter : en hébreu « para » Signifie détourner, rejeter, éviter, négliger, montrer un manque de contrainte,

Correction: en heb. « muwcar » signifie instruction, enseigner, connaissance, avis, leçon, science,

La correction parle de l'instruction

En acceptant la correction, une grande lumière se fera pour nous amener dans la volonté absolue de Dieu.

« Celui qui rejette la correction méprise son âme, Mais celui qui écoute la réprimande acquiert l'intelligence. La crainte de l'Eternel enseigne la sagesse, Et l'humilité précède la gloire ». dit Proverbes 15:32-33

Nous sommes dans un processus de correction. Et Dieu est à l'œuvre dans nos vies.

Il nous faut accepter l'instruction du Seigneur. Tout part de là.

Le chrétien désireux d'être un candidat sérieux au mariage doit chercher à connaître la volonté du Seigneur pour sa vie et s'y engager.

En réalité l'homme n'a qu'un besoin ; connaître Dieu.

Trop de chrétiens en effet ne savent pas ce que Dieu veut pour leur vie, soit par ignorance, soit à cause de certains facteurs qui les empêchent de suivre Jésus-Christ de tout leur cœur.

Ces facteurs peuvent être le refus de prendre sa croix chaque jour, la tiédeur, la sentimentalité, les préférences naturelles ou le désir de suivre ses propres intérêts. L'Instruction de Dieu n'est pas ce que les chrétiens de nos jours recherchent.

Le Psalmiste dit ceci : *« Affermis mes pas dans ta parole, Et ne laisse aucune iniquité dominer sur moi! »* Psaumes 119 : 133

Tandis que la parole instruit le chrétien dans ce qu'il doit faire, le Saint-Esprit le dirige alors spécifiquement afin qu'il mette en pratique l'enseignement reçu.
« La révélation de tes paroles éclaire, elle donne de l'intelligence aux simples » Psaumes 119/130
Un chrétien contrôlé par la connaissance que procure la Parole devient capable de marcher selon l'Esprit et de découvrir la volonté parfaite de Dieu.

« Je dis donc : Marchez selon l'Esprit, et vous n'accomplirez pas les désirs de la chair ». **Galates 5 : 16**

Le Mot **Marcher** c'est le mot grec ***Péripateo*** dans l'original qui veut dire être attaché, occupé avec les choses de Dieu, se conformer.

Cela est possible lorsque nous dépendons des provisions qu'offre la Grâce divine et que nous acceptons de ne pas nous appuyer sur les efforts humains.
Le chrétien dont les pas sont affermis par la Parole n'a pas à s'inquiéter ni à se poser des questions sur l'identité de la personne qu'il épousera.
Il doit simplement s'assurer que son âme est remplie de la doctrine biblique et qu'il est sous l'autorité du plan de Dieu.

Son conjoint lui sera présenté par le Seigneur au moment voulu, avec la certitude que c'est dans son plan parfait.
« L'Eternel affermit les pas de l'homme, Et il prend plaisir à sa voie ; » **Psaumes 37 : 23**

« Mes destinées sont dans ta main » ; **Psaumes 31:16**

CHAPITRE II

Comment cette certitude peut se manifester ?

Nous avons cité **Galates 5:16** concernant la marche par l'Esprit.

Dans le choix nous pouvons bénéficier de l'initiation du Saint-Esprit.

Il y a la direction divine aussi, puis la paix du cœur dont chacun témoigne souvent.

Et dans toutes ces choses, il faut que chaque candidat au mariage considère les conseils de son Pasteur, et l'avis de son église locale (corps de Christ). C'est ta famille dans le Seigneur et elle peut par ses conseils t'aider à ne pas vivre dans le désordre.

Notre Eglise locale a une responsabilité quant à notre bonne marche.

Quelque part nous avons des points d'aveuglement et nous avons besoins des autres. C'est vrai qu'il y a des gens qui ne demandent jamais de conseils à leur pasteur.

Parlant de certitude, je pense à une attente de foi. Cela implique la compréhension que nous avons tout pleinement en Christ et par Grâce.

Le Seigneur Jésus est la source de notre vie chrétienne.

CHAPITRE III

Les difficultés que certains connaissent ne sont-elles pas liées en partie aux mauvaises motivations qui ont été à la base de leur choix ?

Je dis oui.
Car en partie c'est cela. Il est vraiment intéressant de noter que beaucoup de gens se marient pour des raisons qui, en réalité, sont de très bonnes raisons pour ne pas faire le bon choix.

Il y a toutes sortes de motivations impures.
On voit :

- ***La recherche égoïste d'un compagnon***
- ***La sécurité financière***
- ***La pression de la famille ou de l'entourage***
- ***La sentimentalité***
- ***Le plaisir sensuel***
- ***La solitude***
- ***L'angoisse de vieillir ou la peur de ne plus intéresser personne.***

Toutes ces choses ne sont pas des raisons valables pour se marier.

Je ne dis pas ces choses pour vous culpabiliser mais pour que ceux qui envisagent le mariage soient correctement guidés.

Le chrétien célibataire doit prendre la résolution de mettre l'Eternel devant lui, de suivre Christ de tout son cœur, et de ne pas se laisser diriger par ses propres besoins.
Nous avons à discerner ce qui est agréable au Seigneur.
Romains 12 : 1-2 ***« Je vous exhorte donc, frères, par les compassions de Dieu, à offrir vos corps comme un sacrifice vivant, saint, agréable à Dieu, ce qui sera de votre part un culte raisonnable. Ne vous conformez pas au siècle présent, mais soyez transformés par le renouvellement de l'intelligence, afin que vous discerniez quelle est la volonté de Dieu, ce qui est bon, agréable et parfait ».***

Obéir à ce passage de la Bible est la première étape pour être candidat à un mariage selon Dieu.
Lorsque son entendement humain est transformé par la parole vivante, l'enfant du Seigneur peut discerner ce qui est agréable au Père.
Voir uniquement le mariage comme une satisfaction personnelle est en faite une exaltation du moi. C'est manifesté de l'orgueil devant l'Eternel.

Fréquentations et relations avant le mariage : Qu'en dit la Bible ?

C'est triste de dire que beaucoup de frères et sœurs n'ont rien compris en ce qui concerne cette période très importante d'avant le mariage.

Il y a des frères qui rentrent du travail et font la sieste avec leur fiancée. Je ne dis pas qu'il s'est passé quelque chose. Mais c'est vraiment vilain. C'est malsain et là nous avons l'apparence du mal.

Si tu donnes ton doigt au diable, il va te prendre tout le bras.

Si tu es vraiment enfant de Dieu, Dieu est en toi et Il va prendre charge. Si quelqu'un est vraiment enfant de Dieu, il ne peut pécher impunément. Le privilège de l'enfant de Dieu c'est le châtiment.

La parole va s'adresser à ton attitude.

Si tu refuses, parce que Dieu t'aime, il t'exposera pour que la situation soit traitée.

Alors le Pasteur viendra te voir. Si tu continues les circonstances vont s'occuper de toi. Tu connaîtras une crise providentielle.

CHAPITRE IV

Et nous savons que le dernier degré du châtiment c'est la mort.

La Bible dit : « ***Pour ce qui concerne les choses dont vous m'avez écrit, je pense qu'il est bon pour l'homme de ne point toucher de femme*** ». **(1 cor 7 : 1)** « ***... et fuis les convoitises de la jeunesse.*** **(2tim 2 : 2)**

Devant une telle exigence de pureté, il n'existe vraiment aucun argument en faveur des caresses ou des rapports sexuels avant le mariage.

Les écritures ont toujours qualifié les rapports sexuels avant le mariage comme étant de la fornication et ils sont classés dans la même catégorie que le péché d'adultère.

Galates 5 : 19 / 1 Corinthiens 6: 13-18 / 1Corinthiens 10 : 8

La période de fréquentation est un temps ou les contacts physiques ne sont pas permis. L'amour sans contact physique honore le corps de la personne que l'on fréquente et favorise une amitié pieuse entre les deux âmes concernées.

Il arrive parfois que les échecs passés et les péchés sexuels génèrent des retombées négatives au sein d'une union conjugale.

Si tel est votre cas, sachez que la victoire a été obtenue à la croix et peut être expérimentée par le pouvoir de purification qu'offre le sang de Jésus-Christ.

« …approchons-nous avec un cœur sincère, dans la plénitude de la foi, les cœurs purifiés d'une mauvaise conscience, et le corps lavé d'une eau pure » **Heb.10: 22**

Les relations avant le mariage ne doivent pas être l'occasion de vivre une quelconque expérience sensuelle ou de satisfaire aux convoitises qu'il y a en chacun de nous.

« C'est que chacun de vous sache posséder son corps dans la sainteté et l'honnêteté, sans vous livrer à une convoitise passionnée, comme font les païens qui ne connaissent pas Dieu » **1Thés. 4 : 4-5**

Lorsque la subjectivité émotionnelle et la préoccupation relatives aux désirs physiques prévalent, la pensée est sans cesse contrainte à sublimer, aidée en cela par les pulsions de la convoitise sexuelle.

Ce comportement détruit la capacité à demeurer dans la parole de Christ **(Col. 3:16) et à révéler sa présence (Psaumes 140 : 13).**

Le pardon a le pouvoir d'effacer de la pensée les effets ravageurs dûs aux pratiques sexuelles avant le mariage.
Notre foi doit être placée dans l'œuvre accomplie au calvaire si nous voulons expérimenter la pureté mentale et la délivrance.

Nous avons à vivre selon la puissance de l'enseignement.
Vivre de toute parole de Dieu, ce n'est pas se conformer à la pensée de siècle, ni être contrôlé par les convoitises et par l'envie.

« L'homme ne vivra pas de pain seulement, mais de toute parole qui sort de la bouche de Dieu » **Matthieu 4 : 4**

«Ceux qui sont à Jésus-Christ ont crucifié la chair avec ses passions et ses désirs ». **Galates 5 : 24**

CHAPITRE V

Que dites –vous de ceux qui se mettent sous un joug étranger ? C'est-à-dire des chrétiens qui se marient aux non- chrétiens.

Il arrive parfois qu'une personne ayant rencontré Christ soit tentée par Satan de se lier avec une personne non croyante. Cette relation a souvent pour prétexte de lui faire connaître le Seigneur.

Il est bon que chaque croyant célibataire, désireux de suivre Christ, prenne la résolution de ne jamais entrer dans ce genre de liaison.
La Parole de Dieu interdit expressément toute relation qui engagerait un chrétien avec une personne non sauvée.
(2Cor 6 : 14-18 ; 2Cor7 : 1 ; Eph 5 : 6 ; 1Jean2 :15-16)

Tout chrétien qui envisage d'épouser une personne non chrétienne est séduit et a déjà succombé à une des convoitises décrites dans ce verset de première épître de Jean.

Ainsi si une personne qui n'est pas chrétienne vous attire, arrêter de la regarder. La seule chose à faire est de prier pour le salut. Si cette personne se met en règle avec Dieu et devient disciple de Jésus-Christ., la situation sera alors différente.

Mais un chrétien ne devrait jamais s'engager avec une personne qui ne croit pas en Jésus-Christ.
Si une sœur en Christ se marie avec à un non croyant et qu'elle se soumet à celui-ci, elle se soumet volontairement au royaume des ténèbres. C'est une rébellion ouverte contre le royaume de Dieu.
La puissance qui résulte ensuite de cette relation assujettit l'âme de cette personne au pouvoir des ténèbres. L'homme non-croyant de son côté ne réalise peut-être pas qu'il est utilisé par le programme des ténèbres.

Le prix à payer lorsqu'on tolère le péché est très élevé.
Certains peuvent en rire et s'imaginer qu'ils en sortiront mais le principe demeure : « On récolte toujours ce que l'on sème ».
Galates l6 : 7-8
Proverbes 13 : 15, nous prévenons : « la voie des perfides est rude. »
Si quelqu'un oblige Dieu, Dieu lui prouvera que ce verset est vrai.
L'obéissance au plan de Dieu durant le célibat apporte toujours une satisfaction dans le cœur, dans l'âme et dans la pensée.

CHAPITRE VI

Un jeune homme peut-il avoir des attouchements parce que l'église est au courant de leurs fiançailles ?

Que dites-vous de cela ?

Tout d'abord je dirai que là il s'agit d'un esprit d'égarement. Il n'est pas possible de justifier une telle attitude par la Bible, la parole de Dieu.

Si des candidats au mariage, ont des contacts physiques comme les caresses et autres, je dirai qu'il s'agit d'une grave séduction charnelle et démoniaque qui relève de la subtilité de l'activité des démons.

Et s'il y a des pasteurs qui encouragent cela, je ne peux l'affirmer mais je le dis ; c'est des gens mille fois séduits.

Si les gens n'ont rien à dire, ils n'ont qu'à écouter le Saint – Esprit. Le Saint-Esprit est un excellent enseignant. Voyons ce qu'IL dit :

« Si tu n'as rien à dire, écoute-moi ! Tais-toi, et je t'enseignerai la sagesse ». **Job33 : 33**

De telles attitudes révèlent un manque de crainte de Dieu.

« Venez mes fils écoutez –moi ! Je vous enseignerai la crainte de l'Eternel ». **Psaumes 34 : 11**

Dieu veut donc nous enseigner des choses extraordinaires ! Rassurez-vous que ce ne sont pas des choses mauvaises.
Ce qui est extraordinaire c'est la puissance impressionnante de Christ et toutes les choses qui conduisent à la crainte révérencieuse du Seigneur. L'histoire va et vient, mais Dieu n'est toujours pas honoré comme celui qui contrôle l'histoire.

POURQUOI ?

Parce que les gens refusent de se placer sous un enseignement sérieux de la parole de Dieu. Le flou nous plonge tous dans une grande confusion.
Et nous découvrons si nous avons une bonne disposition qu'il est impossible de connaître les voies de Dieu sans une exposition à la Bible.

Il y a des conseils charnels qui sont donnés. Lorsque je marche en dehors de l'enseignement donné par Dieu, je vis dans la connaissance de la chair et dans l'expérience de mes émotions.
« Il conduit les humbles dans la justice, Il enseigne aux humbles sa voie. » Psaumes 25 : 9

Si les gens pensent de cette façon et disent que des frères et sœurs qui ne sont pas mariés peuvent se toucher parce qu'ils sont fiancés, ces gens ne sont certainement pas sous l'enseignement du Saint –Esprit.
C'est pourquoi ils ont un attachement au mal.

Quelques exemples au choix

Les coutumes de l'Ancien Testament pour le mariage ressemblaient apparemment à celles d'autres cultures du moyen orient. Le père, le chef du foyer, initiait généralement les plans de mariage pour ses fils. Il choisissait la jeune femme et faisait les préparatifs avec le père de celle-ci ; la jeune femme était plus ou moins une participante passive de la transaction.

L'on voit qu'Abraham donna l'ordre à son serviteur d'aller dans sa famille d'origine afin d'y trouver une femme pour son fils Isaac (Genèse 24 : 4ss). L'histoire souligne la direction de Dieu dans ce choix. Le serviteur demanda à Dieu sa direction et fut dirigé vers Rebecca par un signe. La jeune fille choisie par Dieu donnerait à boire au serviteur et à ses chameaux (Genèse 24 :14-20). Rebecca conduisit le serviteur à la maison de son père après avoir reçu de lui des cadeaux, et d'autres présents furent offerts à son frère et à sa mère (Genèse 24-53).

Certaines paroles du serviteur montrent que Rebecca elle-même joua un rôle dans la décision de le suivre pour devenir la femme d'Isaac (Genèse 24 :39,58).

Laban donna ses filles à Jacob (Genèse 29 :23,28) et négocia avec Jacob un mariage avec son fils Sichem et la fille de Jacob, Dîna (Genèse 34 :8). Agar, la mère d'Ismaël, se chargea de préparer le mariage de son fils (Genèse 21/21).

Mais rien ne prouve que l'église chrétienne doit suivre l'exemple du peuple juif sans un discernement sérieux.

CONCLUSION

La manière de connaître la pensée de Dieu pour ce pas si important est la même que pour tout autre sujet, qu'il soit petit ou grand. Elle se trouve dans la prière et l'attente confiante dans le seigneur, dans la communion avec lui, en cherchant sa face et en sondant sa Parole.

Mais le premier pas et le plus indispensable pour connaître la pensée de Dieu, c'est de venir sans présupposition. Lorsque notre volonté n'est pas en activité, Dieu peut et veut nous montrer sa volonté *« bonne et agréable et parfaite »,* que nous sommes invités à reconnaître telle (Romains. 12 :2). Alors nous pourrions distinguer la direction de son Œil et entendre sa voix nous communiquer sa pensée. Et comme le serviteur d'Abraham autrefois, qui avait été envoyé pour chercher une épouse pour Isaac, notre heureuse expérience sera : *« Lorsque j'étais en chemin, l'Eternel m'a conduit »* (genèse 24 :27).
« Reconnais-le dans toutes tes voies ? Et il aplanira tes sentiers. » (Proverbes 3 :6)

Dieu pense à vous.

Jésus vous aime profondément, mais parce que nous avons tous péché, nous sommes séparés de Dieu ***(Romains 3 : 23 Romains 6 : 23).***

Cependant, Dieu pense à vous et Il a pourvu à une façon de partager Son Amour avec vous.

L'Amour de Jésus Christ pour l'homme était tellement grand qu'il est venu sur terre afin de mourir sur la croix pour les péchés du monde entier. Il a versé son sang pour vous, pour que vous puisiez être pardonné et recevoir la vie éternelle. La seule chose qu'Il vous demande est de venir à Lui avec une foi simple. Croyez en son caractère et en Son amour pour vous, et acceptez-le comme votre Sauveur. ***« Alors quiconque invoquera le nom du seigneur sera sauvé » Actes 2 : 21***

Priez simplement :

« Cher Jésus, je sais que je suis un pécheur. je te reçois comme mon Sauveur personnel. Merci de m'avoir aimé au point de mourir pour moi, afin que je puisse avoir la vie éternelle avec toi. Amen »

Jésus vous fait la promesse qu'Il ne cessera jamais de vous aimer, jamais Il ne vous délaissera, jamais Il ne vous abandonnera ***(Hébreux 13/5).***

Développez votre relation avec Lui en lisant la Bible, en priant, et en étant membre d'une église où l'on croit que la Bible est la parole de Dieu.

Pasteur Bamouni Babou s'est converti en Septembre 1979 à Gagnoa en Côte-d'Ivoire.

De 1985 à 1989, il suit des cours théologiques décentralisés. Dans la même période, il se forme au journalisme à Universalis / Liège-Belgique.

De 1989 à 1990, sa formation théologique se poursuit à l'école Baptiste de Théologie pour l'Afrique Occidentale (EBTAO) à Lomé au Togo. Puis, de retour au Burkina, l'homme de Dieu dirige une église dans la province du Sanguié.

Quelques temps après, étreint par le désir intenable de se former davantage et soucieux de la précision qu'exige la dispensation de la parole de Dieu, il quitte la direction de l'église locale pour se remettre aux pieds du Seigneur à l'Institut Biblique de Lomé (Togo).

Aujourd'hui diplômé de l'Ecole Baptiste de Théologie pour l'Afrique Occidentale, de l'Institut Biblique de Lomé ou il est ordonné par le Ministère Greater Grace World Outreach de Baltimore aux USA, le Pasteur Bamouni expose le cœur de Dieu (la Grâce), avec une compréhension profonde de l'œuvre accomplie de Jésus-Christ. Et des vies sont touchées et transformées par le plein conseil de Dieu qu'il explique avec habileté.

Eglise Evangélique de la Grâce de Ouagadougou – Gounghin

Phone: (00226) 78 81 32 59

E-mail: jbbamouni@hotmail.com

E-mail: jbmouni2003@yahoo.fr

Site Web: www.ggwo-burkina.org

Printed by Books on Demand GmbH, Norderstedt / Germany